Historia Gráfica en español

El hundimiento del TITANIC

por Matt Doeden
ilustrado por Charles Barnett III
y Phil Miller

Consultor:
Norm Lewis
Sociedad Canadiense del *Titanic*
Simcoe, Ontario

Mankato, Minnesota

Graphic Library is published by Capstone Press,
151 Good Counsel Drive, P.O. Box 669, Mankato, Minnesota 56002.
www.capstonepress.com

Copyright © 2006 by Capstone Press. All rights reserved.
No part of this publication may be reproduced in whole or in part, or stored in a retrieval system, or transmitted in any form or by any means, electronic, mechanical, photocopying, recording, or otherwise, without written permission of the publisher.
For information regarding permission, write to Capstone Press,
1710 Roe Crest Drive, North Mankato, Minnesota 56003.

Library of Congress Cataloging-in-Publication Data
Doeden, Matt.
[Sinking of the Titanic. Spanish]
El hundimiento del Titanic/por Matt Doeden; ilustrado por Charles Barnett III y Phil Miller.
p. cm.—(Graphic library. Historia gráfica en español)
Includes bibliographical references and index.
ISBN 10: 0-7368-6061-4 (library binding)
ISBN 13: 978-0-7368-6870-9 (softcover pbk.)
ISBN 10: 0-7368-6870-4 (softcover pbk.)
1. Titanic (Steamship)—Juvenile literature. 2. Shipwrecks—North Atlantic Ocean—Juvenile literature. I. Barnett, Charles, III ill. II. Miller, Phil, ill. III. Title. IV. Series.
G530.T6D6418 2006
910.9163'4—dc22 2005053197

Summary: The story of the 1912 sinking of the *Titanic* is told in a graphic-novel format.

Editor's note: Direct quotations from primary sources are indicated by a yellow background.

Direct quotations appear on the following pages:
Pages 11, 13, 15, 17, 18, 21, 26, from the American and British *Titanic* Inquiry transcripts (http://www.titanicinquiry.org)
Page 7, from a letter sent before the sinking (http://www.titanic-titanic.com)
Pages 9, 16, from the Marconi Corporation, Ice Warning Messages to and from *Titanic* (http://www.marconicalling.com)

Credits

Art Director and Storyboard Artist
Jason Knudson

Colorist
Brent Schoonover

Editor
Sarah L. Schuette

Spanish Translator
Jessica Lilley

Spanish Editor
Elizabeth Millán

Acknowledgements

Capstone Press thanks Philip Charles Crawford, Library Director, Essex High School, Essex, Vermont, and columnist for , for his assistance
in the preparation of this book.

Capstone Press thanks Charles Barnett III and Phil Miller of Cavalier Graphics.

Printed in the United States 6024

ÍNDICE

Capítulo 1

¡Empieza un gran viaje! 4

Capítulo 2

La colisión 10

Capítulo 3

El destino del *Titanic* está escrito..... 14

Capítulo 4

El fin del *Titanic*..... 20

Más sobre el *Titanic*..... 28

Glosario 30

Sitios de Internet..... 30

Leer más 31

Bibliografía..... 31

Índice temático 32

Capítulo 1

¡EMPIEZA UN GRAN VIAJE!

El 10 de abril del 1912, el gran barco transatlántico Titanic flotaba en el puerto de Southampton, Inglaterra. El Titanic era el barco más grande que jamás se había construido en ese tiempo. Era tan largo como cuatro cuadras de una ciudad y era tan alto como un edificio de diez pisos.

Los periódicos reportaban que el *Titanic* era prácticamente imposible de hundir. En caso de un accidente, el barco tenía compartimentos estancos para mantenerlo a flote. La gente creía que estos compartimentos y otros detalles del barco hacían que el *Titanic* fuera el barco más seguro del mundo.

El Capitán Edward J. Smith había navegado por los mares durante más de 20 años. En su primera travesía por el Atlántico hasta Nueva York, el *Titanic* estaría bajo el mando de Smith.
Tranquilo. Éste es mi último viaje como capitán, y quiero que todo salga muy bien.
Parado en el puente de mando, el Capitán Smith dio la orden, y el *Titanic* salió del puerto lentamente. Los admiradores llenaron el muelle, despidiéndose del famoso barco y sus 2,200 pasajeros y tripulación.
¡Saluden a Nueva York de nuestra parte!
¡Buen viaje!

Los pasajeros en primera clase viajaron con mucho lujo. Millonarios como Benjamin Guggenheim, Molly Brown y John Astor bailaron en brillantes salones de baile, comieron en elegantes comedores y durmieron en hermosos camarotes nuevos.
Este barco es una maravilla.
¡Fantástico!
Lo debería de ser, por el costo del boleto.
Molly Brown viajó por Europa y se quedó con los Astor antes de regresar a los Estados Unidos en el *Titanic*. Allí, su esposo era un minero muy exitoso. Molly usaba su dinero para ayudar a la gente necesitada.

En las cubiertas más bajas, los pasajeros de segunda y tercera clase exploraron el barco. Hasta las partes bajas del barco eran impresionantes.
Joseph y Juliette Laroche viajaban con su joven familia. Como otros pasajeros, a Juliette le encantaba escribir cartas a su familia.
Querido Papá,
Abordamos el Titanic anoche a las siete. El barco partió cuando estábamos comiendo y no podíamos creer que se estaba moviendo. El mar está muy tranquilo, y hace un tiempo maravilloso. ¡Si pudieras ver lo grande que es el barco!

El gran barco ganó tiempo cruzando el frío Atlántico del Norte. Los pasajeros paseaban por las cubiertas del *Titanic* y gozaban del tiempo perfecto. Bailaban en el salón de baile al son de la música de la banda.

Los pasajeros y la tripulación del *Titanic* no sabían del peligro que les esperaba.

Durante el viaje, un operador de radio estaba sentado en el cuarto de radio. Mandaba y recibía mensajes para los pasajeros del barco. También recibía mensajes de otros barcos avisando sobre las condiciones del tiempo.
Acabamos de pasar tres icebergs... mucho hielo...
Saw much heavy pack ice and a great number of icebergs...
Algunas de las advertencias de icebergs le llegaron al Capitán Smith. Otras no le llegaron. El operador estaba demasiado ocupado con otros mensajes.

Capítulo 2

LA COLISIÓN

¡Iceberg, directamente en frente!
En el puente de mando del *Titanic*, un oficial escuchó la advertencia de Fleet. Reaccionó rápidamente.
¡Paren los motores! ¡Den marcha atrás! ¡Todo a estribor!
El enorme barco empezó a girar lentamente, pero iba demasiado rápido.
¿Por qué no se da la vuelta?
¡Vamos a chocar!

¡¡CRUAAC!!
El metal se desgarró cuando el iceberg rasgó el casco. Miles de galones de agua se vertieron instantáneamente en las partes bajas del barco.

En su camarote, el Capitán Smith sintió un golpe fuerte.
¿Qué pasa? Se han parado los motores.
Corrió hasta el puente de mando.
¿Con qué chocamos?
Un iceberg, señor. Lo vimos demasiado tarde para evitarlo.

Capítulo 3

EL DESTINO DEL *TITANIC* ESTÁ ESCRITO

Smith se apuró en regresar al puente de mando para avisar a sus oficiales.
Señores, el desastre es imparable. Preparen los botes salvavidas.
¿Cómo? ¡No puede ser!
Apúrense ahora, no tenemos mucho tiempo. Disparen los cohetes de señales. Manden llamadas de socorro. El Titanic se va a hundir.
Los oficiales dirigieron a los pasajeros a los botes salvavidas. Muchos pasajeros todavía no creían lo que estaba pasando. Algunos decidieron quedarse en sus camarotes. La tripulación del *Titanic* intentó mantener la calma de todos.
¡Suban todos a la cubierta con los chalecos salvavidas puestos!
¿Qué está pasando?
Por favor, vayan a los botes salvavidas.

Inmediatamente, los operadores de radio mandaron llamadas de socorro, esperando que otro barco en el área pudiera ayudar.
Hemos chocado con un iceberg. Necesitamos ayuda inmediata.
El *Californian* estaba a sólo diez millas del *Titanic*. Su operador de radio ya se había acostado. Otros miembros de la tripulación notaron luces en el cielo oscuro.
En el *Californian*, un oficial despertó al capitán.
Capitán, hemos visto cohetes de señales en la distancia. Podría ser una llamada de socorro.
Probablemente son sólo fuegos artificiales. No se preocupe de ellos.

El *Carpathia* estaba a 58 millas, o a más o menos cuatro horas, del *Titanic*.
El operador de radio del *Carpathia* todavía estaba despierto y recibió la llamada de socorro del *Titanic*. Se apuró en mandar el mensaje al Capitán A.H. Rostron.
Capitán, el Titanic está naufragando y pide ayuda.
¡Vámonos! ¡Vámonos lo más rápido posible para alcanzarlos!
Nunca llegaremos a tiempo.
Despierte a la tripulación.

Mientras tanto, el *Titanic* se estaba hundiendo rápidamente.
¡Las mujeres y los niños primero!
Los oficiales empezaron a cargar a los pasajeros en los botes salvavidas. El *Titanic* sólo tenía botes salvavidas para aproximadamente 1,200 personas. En el apuro, muchos botes salvavidas fueron bajados sin llenar.

¡Ese bote no está lleno!
¡Puede poner más personas allí!
Ahora, apártese. Espere su turno.
Familias fueron separadas. Mientras que las mujeres y los niños bajaron a los botes primero, la mayoría de los hombres se quedaron atrás. Algunos no se dieron cuenta de que jamás volverían a ver a sus familias.
Bajaré al próximo bote. Nos veremos pronto.
No te preocupes.
Adiós.

Capítulo 4

EL FIN DEL *TITANIC*

Bajaron los botes salvavidas rápidamente. Más de 1,500 personas se quedaron en el barco sin ninguna esperanza de salvarse. Algunos se lanzaron al agua helada.

Isidor e Ida Straus se pararon en la cubierta, observando la escena.
Señor, también hay espacio para usted en éste. No tenemos mucho tiempo.
No, mientras que haya mujeres y niños abordo, no.
Isidor, hemos vivido juntos muchos años. Adonde vas tú, voy yo.
Decidieron quedarse juntos en el barco.
El Capitán Smith reunió a su tripulación. La mayoría de los botes salvavidas se habían ido.
Es hora de que cada hombre se salve a sí mismo. Dejen sus puestos.
¿Qué hará usted, Capitán?
Yo me quedaré con mi barco. Ahora sálvense.

Mientras la cubierta del *Titanic* se inclinaba, la banda del barco continuó tocando para mantener la calma.
Tenemos un trabajo que hacer, amigos. Tengo la intención de hundirme haciéndolo.

A las 2:17 de la mañana, la popa del *Titanic* salió del agua. Sus enormes hélices se colgaban en el aire. Las luces del *Titanic* parpadearon y se apagaron.
El barco se rompió en dos. La parte delantera se hundió rápidamente.
¡CRAC!

La popa se mantuvo por encima de la superficie un momento. Luego, el *Titanic* se hundió en el mar.
¡Sigan remando más lejos del barco!

El gran barco había desaparecido. En la oscuridad, las personas se agarraron de los restos y flotaban en el agua helada. Los sobrevivientes en los botes salvavidas escucharon sus llamadas de auxilio.
¡Alguien ayúdanos!
Está tan frío.
En uno de los botes salvavidas, Molly Brown discutió con el oficial encargado del bote.
¡Tenemos que regresar! ¡Tenemos más espacio!
No, no podemos. Inundarán el bote y nos moriremos todos. No hay nada que podemos hacer.

Finalmente, casi dos horas después del naufragio del *Titanic*, el *Carpathia* llegó. Los sobrevivientes en los botes salvavidas remaron hacia el barco.
A bordo del *Carpathia*, el Capitán Rostron se entristeció.
Llegamos muy tarde.
Vayan a los botes salvavidas. Salven a todos los que puedan.

Los sobrevivientes subieron escaleras de soga al *Carpathia*. La tripulación hizo lo que podía para consolarlos.
Estará bien.
El *Carpathia* sólo llevó a 705 sobrevivientes a la ciudad de Nueva York. Miles de personas esperaron el barco cuando atracó, buscando a amigos o familiares. La mayoría recibieron malas noticias.
Más de 1,500 personas se murieron en las aguas frías del Atlántico del Norte. El naufragio del *Titanic* fue uno de los peores desastres de su época.

MÁS SOBRE EL *TITANIC*

★ El *Titanic* perteneció a la compañía de buques de vapor White Star Line. La construcción del barco empezó en 1909 en Belfast, Irlanda. Tres mil trabajadores tardaron dos años en construir el barco.

★ Lleno, el *Titanic* pesaba más de 50,000 toneladas (45 toneladas métricas).

★ El *Titanic* costó aproximadamente $7 millones en construir. Hoy en día, costaría más o menos $400 millones.

★ Los pasajeros de primera clase pagaron aproximadamente $4,350 para viajar en el *Titanic*. Los pasajeros de segunda clase pagaron aproximadamente $65 y los de tercera clase pagaron más o menos $35.

★ El viaje inaugural del *Titanic* empezó el 10 de abril del 1912. Después de chocar con el iceberg alrededor de las 11:40 de la noche el 14 de abril, el *Titanic* se hundió a aproximadamente las 2:20 de la mañana el 15 de abril.

★ Debido a un cambio de tripulación al último momento, nadie se dio cuenta de que no había binoculares en el nido de cuervo hasta después de embarcar. Algunas personas creen que si Frederick Fleet hubiera usado binoculares, el *Titanic* hubiera podido evitar el iceberg. Otros opinan que la baja calidad de los binoculares hubiera evitado que Fleet viera el iceberg más pronto.

★ Cuando el *Titanic* chocó con el iceberg, raspó contra una sección sumergida de hielo. El iceberg desgarró muchos hoyos a lo largo de una sección de 300 pies (91 metros) del fondo del barco.

★ El *Titanic* llevaba 20 botes salvavidas. Para salvar a todos los pasajeros y la tripulación a bordo, el *Titanic* hubiera necesitado 48 botes salvavidas.

★ Durante 73 años no se sabía con exactitud dónde estaban los restos del *Titanic*. Luego, en 1985, el Dr. Robert Ballard dirigió a un equipo de exploradores para encontrar el *Titanic*. Finalmente el equipo encontró el gran naufragio a 2.5 millas (4 kilómetros) por debajo de la superficie del Océano Atlántico.

GLOSARIO

casco—el armazón o cuerpo de un barco

estribor—la parte derecha de un barco

hélice—unas aspas giratorias que proveen la fuerza para mover un barco por el agua

llamada de socorro—una llamada de auxilio de un barco; los operadores mandaron llamadas de socorro desde el cuarto de radio.

nido de cuervo—un puesto de vigilancia localizado en lo alto del barco

popa—la mitad posterior de un barco

puente de mando—el centro de control del barco

puerto—un lugar donde los barcos cargan y descargan a pasajeros y cargamento

LEER MÁS

Deady, Kathleen W. *The Titanic: The Tragedy at Sea.* Disaster! Mankato, Minn.: Capstone Press, 2003.

Harmon, Daniel E. *The Titanic.* Great Disasters, Reforms, and Ramifications. Philadelphia: Chelsea House, 2001.

Matsen, Bradford. *The Incredible Quest to Find the Titanic.* Incredible Deep-sea Adventures. Berkeley Heights, N.J.: Enslow, 2003.

BIBLIOGRAFÍA

Ballard, Robert D. *The Discovery of the Titanic.* New York: Warner Books, 1987.

Gardiner, Robin. *The History of the White Star Line.* Hersham: Ian Allan, 2001.

The Marconi Corporation, Ice Warning Messages, http://www.marconicalling.com.

Titanic Inquiry Project, American and British Inquiry Transcripts http://www.titanicinquiry.com.

Walter, Lord. *A Night to Remember.* New York: Holt, Rinehart, & Winston, 1976.

Wels, Susan. *Titanic: Legacy of the World's Greatest Ocean Liner.* Alexandria, Va.: Time-Life Books, 1997.

ÍNDICE TEMÁTICO

advertencias de icebergs, 9
Andrews, Thomas, 14

Ballard, Robert, 29
banda, 8, 22
botes salvavidas, 15, 18, 19, 20, 21, 25, 26, 29
Brown, Molly, 6, 25

Californian, 16
Carpathia, 17, 26, 27
casco, 12
ciudad de Nueva York, 5, 27
cohetes de señal, 15, 16
compartimentos estancos, 4
cuarto de radio, 9, 16
cubiertas, 7, 8, 14, 15, 22

Fleet, Frederick, 10, 11, 28

iceberg, 11, 12, 13, 14, 16, 28, 29

nido de cuervo, 10, 28

océano Atlántico, 5, 8, 24, 27, 29

popa, 23, 24

puente de mando, 5, 11, 13, 15

Rostron, A.H., 17, 26

señales de socorro, 15, 16, 17
Smith, Edward J., 5, 9, 13, 14, 15, 21
sobrevivientes, 25, 26, 27
Southampton, Inglaterra, 4

tamaño, 4, 28

White Star Line, 28